مَنازِل في الأشْجار

تأليف: الحسن بنمونة

رسوم: براء العاوور

غَرَسَ الوَلَدُ شُجَيْرَةَ صَفْصافٍ في الحَديقةِ الصَّغيرَة.

فَلْنَقُلْ إنَّ الشُّجَيْرَةَ صارَتْ شَجَرَةً ضَخْمَةً. صارَتْ لَها قامَةٌ طَويلَةٌ، طَويلَةٌ جِدًّا.

تَنْظُرُ إلَيْها مِنَ الأسْفَلِ فَتَراها تُلامِسُ السَّحاب.

والشَّجرَةُ الَّتي اسْتَطالَتْ في السَّماء، انْتَشَرَتْ جُذورُها في جَوْفِ الأَرْض.

فَيا لَها مِنْ جُذورٍ عَجيبَةٍ!

ويا لَهَوْلِ ما سَيَحْدُث!

الجُذورُ خَرَجَتْ مِنَ الأَرْضِ وكَأَنَّها ثَعابينُ غَليظَةٌ ضَخْمَةٌ. تَتَلَوّى وتَرْتَفِعُ إلى الأَعْلى.

جِدْرانِ مِنَ الجُذورِ رَفَعا المَنْزِلَ إلى الأَعْلى.

صارَ مُعَلَّقًا بَيْنَ السَّماءِ والأَرْضِ.

تَهُبُّ الرِّيحُ فَيَميلُ تارَةً إلى اليَمينِ، وتارَةً أُخْرى يَميلُ إلى الشَّمالِ، ولَكِنَّهُ **لا** يَسْقُط.

فَبدا مَنْزِلًا **عَجيبًا**،
كَمَنْزِلِ القَزَمِ المُهَرِّج.
وماذا حَدَثَ أَيْضًا؟
الجارُ الَّذي يَمْلِكُ مَنْزِلًا فَحْمًا
ضَحِكَ عَلى المَنْزِلِ المَرْفوع.
وَلَكِنَّهُ لَمْ يَدْرِ أَنَّ ثَلاثَةَ جُذورٍ
خَرَجَتْ مِنْ تَحْتِ مَنْزِلِهِ فَرَفَعَتْهُ
إلى **الأَعْلى**.

يَميلُ حَيْثُ تَميلُ الرّيح، و**لا** يَسْقُط.
يُخْرِجُ رَأْسَهُ مِنَ النّافِذَة، ويَقول:
«ولَكِنْ ما مَعْنى أَنْ نَعيشَ مُعَلَّقينَ
بَيْنَ السَّماءِ والأَرْض؟».
أَرْبَعَةُ جُذورٍ خَرَجَتْ مِنْ تَحْتِ أَرْبَعَةِ مَنازِل،
وجُذورٌ أُخْرى خَرَجَتْ مِنْ هُنا وهُناك.
وجُذورٌ...
وجُذورٌ...

وَكُلُّها تُشْبِهُ الثَّعابينَ الضَّخْمَةَ الغَليظَة.
أَفَلَمْ نَقُلْ مِنْ قَبْل إِنَّهَا جُذورٌ عَجيبَةٌ؟!

8

المَدينَةُ مَنازِلُها مَرْفوعَةٌ فَوْقَ جُذورِ شَجَرَةٍ!

حَتَّى المَخْبَزَة، مَحَلُّ بَيْعِ الخُضَرِ والمَوادِّ الغِذائِيَّةِ والمَدْرَسَةُ رُفِعَتْ فَوْقَ الجُذور.

وفي كُلِّ يَوْمٍ، تُرْفَعُ أَرْبَعَةُ مَنازِلَ أَوْ سِتَّةٌ. مِنْ بَعيدٍ **لا** تَراها إلّا رُؤوسًا تَتَمايَل، رُؤوسًا بِأَحْجامٍ مُخْتَلِفَةٍ. ولَكِنْ كَيْفَ يَدْخُلُ النّاسُ مَنازِلَهُم؟ تَرَيَّثوا قَليلًا أَيُّها الرِّفاق.

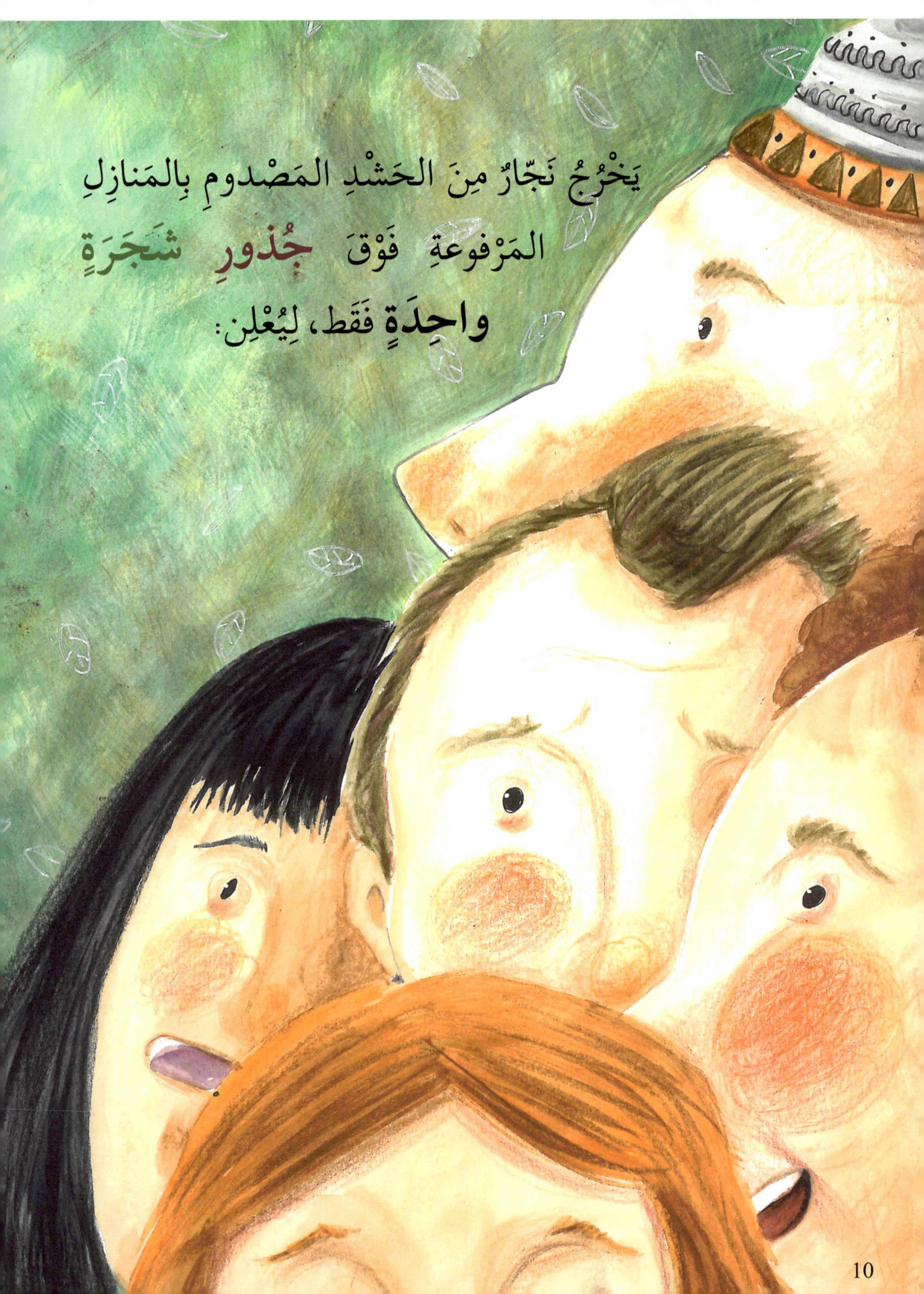

يَخْرُجُ نَجّارٌ مِنَ الْحَشْدِ الْمَصْدومِ بِالْمَنازِلِ الْمَرْفوعةِ فَوْقَ جُذورِ شَجَرَةٍ واحِدَةٍ فَقَط، لِيُعْلِنَ:

«لَنْ نَيْأَس، أنا وَجَدْتُ حَلًّا لِهَذِهِ المُعْضِلَة».
فَما هُوَ؟!!

12

تَسَلَّقَ الجِذْعَ لِيَدْخُلَ مَعْمَلَهُ الصَّغِير، فَصَنَعَ سُلَّمًا خَشَبِيًّا.

ثُمَّ صَنَعَ سَلالِمَ بِعَدَدِ المَنازِلِ المَرْفوعَة.

وصَنَعَ سَلالِمَ أُخْرى لِلمَنازِلِ الَّتي سَتَرْفَعُها الجُذورُ

بَعْدَ يَوْمٍ أوْ بَعْدَ أَيّامٍ.

وقَبْلَ أَنْ يَنْزِلَ إلى الأَرْض،
كَتَبَ في لَوْحَةٍ عَلَّقَها بِبابِ الدُّكَّانِ تَقول:
(صانِعُ سَلالِمِ المَنازِلِ المَرْفوعَة).
هَكَذا، صارَ لِكُلِّ مَنْزِلٍ سُلَّمٌ.

صانع سلالم
المنازل المرفوعة

وَصَنَعَ سَلالِمَ مَجّانًا لِلْمَدرسةِ
وَالْمُسْتَشْفى.
وَفي يَوْمٍ ما، قَدْ نَقومُ بِرِحْلَةٍ إلى الْمَدينَةِ
الَّتي رُفِعَتْ مَنازِلُها فَوْقَ الْجُذور.
وَنَنامُ في مَنْزِلٍ هَزّازٍ.

AF406410